18304

HOSPICES CIVILS DE TOULOUSE.

SÉANCE DE LA COMMISSION ADMINISTRATIVE DES HOSPICES DU 12 JUILLET 1875.

INONDATION
DES 23 ET 24 JUIN 1875.

RAPPORT DE M. A. DEYRES
CONSEILLER A LA COUR D'APPEL,

Vice-Président de la Commission administrative des Hospices civils de Toulouse, Chevalier de la Légion d'Honneur.

TOULOUSE

IMPRIMERIE Louis & Jean-Matthieu DOULADOURE

Rue Saint-Rome, 39

1875

HOSPICES CIVILS DE TOULOUSE.

SÉANCE DE LA COMMISSION ADMINISTRATIVE DES HOSPICES DU 12 JUILLET 1875.

INONDATION
DES 23 ET 24 JUIN 1875.

RAPPORT DE M. A. DEYRES

CONSEILLER A LA COUR D'APPEL,

Vice-Président de la Commission administrative des Hospices civils de Toulouse, Chevalier de la Légion d'Honneur.

TOULOUSE
IMPRIMERIE Louis & Jean-Matthieu DOULADOURE
Rue Saint-Rome, 39

1875

HOSPICES CIVILS DE TOULOUSE.

EXTRAIT

DES

REGISTRES DES DÉLIBÉRATIONS DE LA COMMISSION ADMINISTRATIVE DES HOSPICES.

Séance du 12 Juillet 1875.

La Commission administrative s'est réunie à l'Hôtel-Dieu Saint-Jacques, lieu ordinaire de ses séances.

Étaient présents :

MM. le vicomte Toussaint, maire de Toulouse, président; A. Deyres, conseiller à la Cour, vice-président; Ferradou, curé-doyen de la Daurade; Louis Borel, agent de change, délégué du conseil presbytéral; Charles de Saint-Gresse, premier président; Vidal, ancien directeur des domaines en retraite; Fabre, notaire, président du conseil d'administration de la Caisse d'épargne ; comte de Roquette-Buisson, ancien député de la Haute-Garonne, administrateurs; Charles d'Esquerre, secrétaire général de la Commission administrative.

L'ordre du jour appelle la discussion sur le rapport de la sous-commission chargée du compte-rendu des événements qui se sont succédé dans les hospices civils de Toulouse, pendant la dernière inondation.

M. A. Deyres, rapporteur, s'exprime en ces termes :

MESSIEURS,

Une inondation telle qu'on n'en avait vu de mémoire d'homme, est venue porter le ravage dans les murs de notre cité. Les effroyables désastres qu'elle a causés ont pris les proportions d'un deuil national.

L'eau s'est élevée à 9 mètres 70 c. au-dessus de l'étiage, c'est-à-dire à 1 mètre 95 c. de plus que le niveau de la formidable inondation de 1772.

En présence de pareils malheurs, nous avons pensé qu'il était de notre devoir de consigner sur les registres de nos délibérations le compte-rendu fidèle et rigoureusement exact de ces tristes événements, et vous avez nommé une sous-commission, qui m'a chargé de ce travail. Je viens le soumettre à votre haute approbation.

A notre séance du 22 juin dernier, rien ne faisait

présager de semblables calamités. Mais le mercredi 23, les journaux de Toulouse annonçaient que la pluie n'ayant pas cessé depuis deux jours, la Garonne montait sensiblement, et que la veille elle s'était élevée à trois mètres au-dessus de l'étiage. Dès que l'Administrateur qui était de service pendant la semaine, fut informé, le mercredi matin, de la crue considérable de la Garonne, il se rendit avec empressement à la Grave et à l'Hôtel-Dieu, et prit toutes les mesures nécessaires en pareille circonstance. Il fut secondé par le concours dévoué de M. de Beauvais, colonel du génie; de MM. Delor, architecte des hospices, et Denis, surveillant des travaux. Tous les membres de la Commission administrative se transportèrent les uns à la Grave, les autres à l'Hôtel-Dieu. M. le vicomte Toussaint, maire de Toulouse et président de la Commission, s'était aussi rendu dans nos établissements hospitaliers, avant dix heures du matin.

M. l'architecte Delor, qui avait fait construire à la Grave des ouvrages de défense, ayant été forcé de battre en retraite devant les eaux qui renversaient ses travaux, fit murer les portes extérieures. Il courut dans l'ancienne chapelle où une forte voie d'eau venait de se déclarer, et aidé de quelques militaires, il ferma à peu près entièrement cette issue. Mais la voûte de l'aqueduc cédant sous les efforts de l'eau, il dut abandonner la chapelle et se porter sur d'autres points.

L'eau commençait à entrer de toutes parts. On fit

déménager le rez-de-chaussée et tout le personnel de l'établissement se réfugia au premier étage.

Vers les deux heures et demie, M. le préfet, baron de Sandrans, fit une visite à la Grave et se vit obligé de sortir par la porte du Dépôt de Mendicité, les eaux ayant déjà envahi les premières cours. Il se rendit, de là, à l'Hôtel-Dieu, où il fut suivi quelque temps après par le général Lapasset, qui y revint plusieurs fois dans la journée et le lendemain.

Pendant que les membres de la Commission étaient en permanence à l'Hôtel-Dieu, arrivèrent MM. de Lihus, secrétaire général de la préfecture, et de Romeuf, secrétaire particulier du Préfet. En leur présence, les membres de la Commission firent transporter aux étages supérieurs les registres des délibérations, livres et papiers du secrétariat général, le mobilier des sœurs, ainsi que le pain qui se trouvait en grande quantité à la dépense. Par leurs soins, toute l'aile du bâtiment donnant sur la Garonne était évacuée et les malades installés dans l'aile gauche, située rue Viguerie. L'eau entrait dans les caves, dans les cours; mais jusqu'à six heures, la situation des malades n'était nullement en danger, toutes les précautions ayant été prises pour leur préservation. En ce moment là, d'ailleurs, aucune crue nouvelle n'était annoncée. Mais au moment où nous revenons à l'Hôtel-Dieu, vers les sept heures, nous apprenons qu'à la suite d'une crue considérable venue tout à coup, le chef interne M. Bonneau ainsi que l'interne de service M. Labat, avaient cru devoir faire évacuer l'Hôtel-Dieu, et transporter dans des omnibus, réquisitionnés par M. de Lihus, nos malades à l'Hôpital militaire, mis à leur disposition par ordre de M. le général du Bessol.

En présence d'une situation aussi imprévue, MM. Bonneau et Labat prirent l'initiative d'une mesure grave, que commandaient d'ailleurs les circonstances, et qui a été hautement approuvée par la Commission administrative. Leur conduite courageuse a été signalée à M. Préfet par la Commission administrative, qui a demandé pour eux, comme récompense, la croix de la Légion d'honneur.

Nous avons été installer nos malades à l'Hôpital militaire, où leur a été fait un excellent accueil, et nous ne saurions assez remercier tous ceux qui dirigent à un titre quelconque cet important établissement. Nous avons cherché un asile pour les bonnes Sœurs dans les Maisons de Charité de la ville de Toulouse, où elles ont été reçues avec empressement. La vénérable Sœur Bauton, supérieure de l'Hôtel-Dieu depuis 25 ans, qui était sortie la dernière avec ses dignes compagnes, trouva un refuge place Saint-Etienne.

A la même heure, la Sœur Penin, supérieure de la Grave, était aux prises avec des difficultés de toute sorte. Elle s'est montrée à la hauteur de sa pénible mission, par son sang-froid, son courage et son dé vouement. MM. Delor, architecte; Bunel, chef du contentieux des hospices; Texereau de Lesserie, inspecteur des enfants assistés et Guiraud, ancien secrétaire général, qui étaient à la Grave depuis la veille, lui prêtèrent un concours énergique et persévérant, ainsi que les abbés Servat, aumôniers de cet établissement. Mais, que de drames terribles pendant cette terrible nuit! Huit personnes périrent et il a fallu des prodiges de courage pour éviter de plus grands malheurs. La supérieure se loue beaucoup du zèle intelligent, déployé en cette circonstance par M. Sabadie, interne à la Grave. La conduite de M. Sabadie a été signalée par nous à M. le Préfet, dans le rapport que nous lui avons adressé sur le compte de MM. Bonneau et Labat. Il nous a paru aussi de toute justice d'appeler sa bienveillante attention sur MM. Alibert, interne, Bezy et Roques-d'Orbcastel, internes provisoires, et Sicre, étudiant en médecine de première année, qui n'étant pas de service, sont venus volontairement à l'Hôtel-Dieu, et ont puissamment aidé MM. Bonneau et Labat, lors de l'évacuation de cet établissement, ainsi que le docteur Montano, qui, à ce moment là, a fait preuve d'énergie et de dévouement. Parmi les personnes qui se sont aussi fait remarquer, il faut citer MM. Gabriel de Belcastel, député de la Haute-Garonne; l'abbé Delpech, aumônier militaire; enfin, M. Serres, contrôleur aux entrées. Il a quitté l'un des derniers l'Hôtel-Dieu, le 25, dans la soirée. M. Bères, juge d'instruction, a aussi prêté son concours dévoué à ce moment là, ainsi qu'un grand nombre d'ingénieurs.

Le lendemain matin, 24 juin, dès la première heure, la Commission administrative était en permanence comme la veille à l'Hôtel-Dieu. Non-seulement elle avait à s'occuper de cet établissement et de la Grave, mais il était urgent aussi de pourvoir à l'alimentation de nos deux orphelinats de la rue Lafayette et de Francazals. Des ordres furent donnés à cet effet, et nos deux établissements, ayant été approvisionnés sans aucun retard, ont pu fonctionner régulièrement comme en temps ordinaire. Au reste, afin d'éviter les abus de toute sorte, la Commission avait décidé qu'aucune dépense ne serait ultérieurement payée que sur les bons signés par un administrateur, comme aussi tout ordre donné dans les hospices devait l'être par l'un de nous.

L'Hôtel-Dieu, pendant toute la journée du jeudi 24 juin, a été le refuge des malheureux inondés de Saint-Cyprien. C'est là qu'on transportait les morts, les mourants, les blessés; et il était très-difficile de faire face aux complications de toute sorte. C'est là qu'arrivaient en foule, se précipitant pour donner des soins et des secours aux mourants, le R. P. d'Audiffret et plusieurs Pères Jésuites, le clergé de Saint-Nicolas, un nombre considérable de prêtres, et M. Castel, pasteur protestant. Les Sœurs des maisons de charité de Toulouse, MM. Bellet, Lacointa, baron Sarrut, avocats généraux, et plusieurs autres magistrats de la Cour et des tribunaux; des fonctionnaires, des hommes pleins de zèle et de dévouement, notamment MM. Ozenne, F. Monnié, de la Rhoëllerie, Oury, Censier, Marty, Parlier, de Perrodil, docteur Delmas, Boy, Pigny et bien d'autres, venaient se mettre à chaque minute à notre disposition.

Nous étions tous là réunis, lorsqu'arrivaient les cadavres dans des voitures d'ambulance et sur des prolonges d'artillerie. Il fallait les transporter dans la salle Saint-Sébastien, et pendant cette opération si pénible, de braves soldats de notre garnison remplissaient leur devoir avec un dévouement digne des plus grands éloges. Leurs chefs donnaient l'exemple. On voudrait pouvoir tous les nommer ici. Quelle abnégation ! quel oubli de soi-même !

Les premiers secours nous furent envoyés par la Ville, par MM. les membres du Bureau de bienfaisance, MM. Ferradou, Courtois de Viçose, Mulé, Rochefort, Cavayé, Dumas et Desfaudais, et ce fut M. le secrétaire général Lacaux qui, l'un des premiers, nous porta du pain, du bouillon, des provisions de toute sorte, avec le plus grand zèle. M. Aubegès, employé au secrétariat de l'hospice, s'était rendu dès le matin avec le plus louable empressement dans la plupart des maisons de charité pour recueillir des secours en nature et les faire porter à l'hospice. Ce fut une pauvre fille, restée complétement inconnue, qui, à son instigation offrit de nous porter, de la maison de charité de Saint-Sernin, le premier secours pour nos malades. La consigne, si sévère sur le pont, fut vaincue par son insistance.

Cependant l'hospice Saint-Joseph-de-la-Grave, envahi par les eaux de toutes parts, était aussi l'objet de la sollicitude de la Commission administrative. Il importait de ne pas laisser sans secours un établissement considérable, dont le personnel s'élève à mille environ. Trois cents kilos de pain sont envoyés par nous à Madame la supérieure sur une prolonge d'artillerie, en la priant de nous faire connaître quels sont les besoins urgents de la Grave. Dans sa réponse, que nous avons conservée, elle nous remercie, nous dit que la Grave n'est plus habitable, qu'elle nous demande l'autorisation de laisser sortir les pauvres qui ont quelques parents à Toulouse. Cette autorisation lui est adressée immédiatement par MM. Vidal et Deyres, administrateurs de service à l'Hôtel-Dieu. Quelques heures après, l'absolue nécessité rend obligatoire l'évacuation complète de la Grave, à laquelle concourent avec le plus grand zèle MM. G. de Belcastel, comte Begouen, marquis de Laurent-Castelet, Texereau de Lesserie, le jeune sous-lieutenant d'artillerie de Boisson, son frère étudiant en droit et M. Bonnet, de l'*Echo de la Province*. Il suffit d'avoir vu plus tard l'état déplorable de cet établissement, pour comprendre qu'il était très dangereux d'y rester une heure de plus. Les archives elles-mêmes n'ont pu être sauvées, tant la crue a été rapide et inattendue; et il faudra tous les soins qu'y apportent MM. Rey et Portes, pour les reconstituer en partie.

Les pensionnaires de la Grave arrivent sur le pont. Par les soins et le concours actif et dévoué de MM. de Reynal, receveur des hospices, et O'Gorman, chef de la comptabilité, ils sont divisés en deux catégories; les malades et les infirmes sont recueillis à l'Hôtel-Dieu, et nos orphelins dans l'établissement des frères sur la demande du supérieur de Saint-Aubin, le frère Liébert; les autres sont transportés au Capitole par des omnibus. Peu à peu nos salles de l'Hôtel-Dieu sont complétement occupées par les vieillards et aussi par les inondés du faubourg; de telle sorte qu'une seule salle est libre, c'est la salle Notre-Dame Saint-Sébastien, spécialement affectée à recevoir les morts.

Une inspection des murs et des bâtiments de l'Hôtel-Dieu est faite avec la plus sérieuse attention sous nos yeux par MM. de Beauvais et Buffon, l'un colonel, l'autre capitaine du génie. Ces hommes de l'art constatent que des lézardes existent dans notre salle du Conseil, dans la dépense, le cabinet de Madame la supérieure et la salle de Communauté. Le mur extérieur a été fortement ébranlé; il y a eu un mouvement très sensible, mais on ne saurait avoir des craintes sérieuses sur la solidité de l'édifice, dont les fondements vont être examinés avec le plus grand soin.

Entre temps, la pluie tombe toujours en abondance ; les cadavres arrivent en grand nombre et sans interruption dans les voitures d'ambulance. La mort est constatée régulièrement par les médecins et chirurgiens des hospices et pour découvrir l'identité, MM. Provost et Delon photographient toutes ces malheureuses victimes de l'inondation, quelque pénible que soit cette opération, à laquelle ils procèdent avec dévouement. M. le Procureur de la République, Clément Simon, assisté du commissaire central, est venu plusieurs fois dans la salle où sont déposés les morts, et il a été consulté au sujet de la constatation de l'identité. M. le Procureur général Vaulogé n'a cessé, dans ces douloureuses circonstances, d'encourager nos efforts par sa présence.

À cinq heures, ce même jour, 24 juin, la Commission administrative tient séance dans la salle de ses délibérations. M. le Préfet y assiste, le Maire préside et personne ne manque à l'appel.

On décide qu'avant tout, il faut prendre d'urgence les mesures nécessaires pour faire ensevelir les morts dans la soirée, au cimetière de Terre-Cabade, celui de Saint Cyprien étant sous l'eau et inabordable.

Ordre est donné au Commissaire central de se tenir prêt pour neuf heures précises.

Ils sont enveloppés chacun dans son suaire, ces chers morts, et, à l'heure indiquée, commence cette lugubre cérémonie, qui n'est terminée qu'à minuit.

Quatre-vingt-seize cadavres passent sous nos yeux, portés par des soldats, sur des prolonges d'artillerie, mises à notre disposition par le colonel Bezard, et chaque fois que ces voitures funèbres arrivent sous le porche, elles s'arrêtent et les aumôniers de l'Hôtel-Dieu récitent les prières des morts.

Ce spectacle émouvant a pour témoins attristés tous les membres de la Commission administrative, les aumôniers Durand, Lafforgue, Cayrac, le Maire vicomte Toussaint, le Préfet baron de Sandrans, le Procureur général Vaulogé et son parquet, le premier président de Saint-Gresse, les Présidents à la Cour, Présidents des Tribunaux, le Procureur de la République Clément Simon, et plusieurs autres magistrats, des fonctionnaires, d'honorables citoyens accourus de toutes parts, le juge de paix Doat, le commissaire central Dumas, assisté des commissaires de police Durand et de plusieurs autres ainsi que des inspecteurs Lapeyre et Castel. Chaque employé de l'hospice est à son poste avec le corps médical, les officiers de service et notre secrétaire général d'Esquerre, qui, dans ces tristes jours, s'est multiplié avec le zèle le plus louable.

La Commission décide que, dans l'intérêt de la salubrité publique, les corps des inondés seront direcdément portés, à compter du 25 juin, dans la chapelle du cimetière de Terre-Cabade sans s'arrêter à l'hospice. Dans cette chapelle, ils seront photographiés.

Avant la fin de cette journée, l'hospice de la Grave est évacué. Les victimes se comptent par centaines, dans le faubourg; les pertes sont incalculables. Des ambulances sont organiséés, notamment au Cirque, au Conservatoire, à la manufacture des tabacs. Les mendiants sont transférés (avec le concours intelligent et ferme du commandant Defaucomberge du 29e chasseurs à pied et du médecin-major Breton, avec l'aide du capitaine Turlin et de M. Texereau de Lesserie), du dépôt de mendicité à l'école communale du nord, dont la direction est donnée à un de nos élèves en médecine, le jeune Bret, qui a fait preuve dans cette circonstance d'une énergie remarquable.

Le fléau dévastateur a causé de tels ravages dans le malheureux faubourg Saint-Cyprien, que le vendredi 25 juin, la commission en permanence à l'Hôtel-Dieu voit venir dans cet établissement de nombreux inondés; il sont recueillis avec empressement, on les réchauffe, on les réconforte, on les habille et, plus tard, des omnibus les portent au Capitole. MM. Houssaye, Dutour, Deloume, Vieu et de Falguière, adjoints, arrivent à ce moment et nous apportent des vêtements que la charité publique leur a envoyés. Trois petits enfants sont emportés par M. Deloume, ses collègues et M. Doat, directeur de la Marbrerie toulousaine. A ce moment arrive une dépêche de la Commission des Hospices de Montpellier, qui met à notre disposition 50 lits pour nos pauvres; nous nous empressons de la remercier.

Que de misères à soulager! quelle belle mission s'impose à tous! Le noble cœur du Maréchal Président de la République et de sa digne compagne se sont émus en présence de pareils malheurs. Le duc de Magenta part pour Toulouse; la Maréchale organise un comité de secours. Chacun est dans son rôle; chacun remplit son devoir à Toulouse comme à Paris. Notre vénérable archevêque, Mgr Desprez, est à la tête des comités qui s'organisent pour venir en aide aux malheureux inondés.

Dès que nous sommes informés, le samedi, par M. le Maire, de l'arrivée du chef de l'Etat, nous convoquons le directeur de l'école de médecine M. Filhol. Il était juste que, ne nous ayant pas quittés pendant ces terribles épreuves, il fût présenté au Maréchal, à la tête du corps médical, ainsi que nos courageuses sœurs de charité et tout notre personnel.

A trois heures, après avoir visité le faubourg, le Maréchal descend de voiture et se présente seul à la porte de l'Hôtel-Dieu. Il est reçu par le vice-président Deyres, qui lui présente ses collègues, le directeur de l'école de médecine, le corps médical, les Frères de la doctrine chrétienne. Le Maire, qui a suivi de près le Maréchal, s'approche des sœurs de charité, parmi lesquelles Mac-Mahon reconnaît l'intelligente supérieure de la Grave, la sœur Penin, pour l'avoir vue au Gros-Caillou en 1855. Il lui rappelle qu'à cette époque elle a été pleine de bonté et de dévouement pour ses soldats pendant l'épidémie.

Sous le porche intérieur de l'Hôtel-Dieu, sont rangés, en costume d'hôpital, les internes et les élèves.

C'est alors que le vice-président de la Commission, prenant par la main le chef interne Bonneau et l'interne Labat, les présente au Maréchal et lui signale leur courageuse conduite.

Il lui présente aussi les chefs de service et adjoints de l'Hôtel-Dieu et de la Grave en faisant d'eux le plus grand éloge. « Je voudrais pouvoir tous vous les nommer, dit-il, car tous ont bien fait leur devoir. » Le chef de l'Etat les remercie dans les termes les plus flatteurs. Puis il visite les salles, après être entré dans la chapelle, avec ses Ministres de l'intérieur et de la guerre, MM. Buffet et de Cissey, ses aides de camp, MM. d'Abzac, de Vaugrenant, M. Dufeuille et tout le cortége.

Après cette visite, le Maréchal entre dans la salle de nos délibérations. Là, en présence du Maréchal et des Ministres, le Préfet, avec une extrême bienveillance, rappelle les services rendus par les membres de la Commission administrative.

Enfin, le Maréchal en quittant l'Hôtel-Dieu, autorise le vice-président à remettre au Ministre de l'intérieur une note indiquant sommairement la situation désastreuse des hospices à la suite de ces terribles événements.

Nous reprenons alors nos fonctions; MM. Borel, Ferradou et de Saint-Gresse, vont à la Grave; MM. Fabre, comte de Roquette, Vidal et Deyres restent à l'Hôtel-Dieu, de manière à ce qu'une active surveillance soit exercée à la fois sur tous les points.

Le lundi suivant, M. Durangel, l'éminent directeur de l'administration communale au Ministère de l'intérieur, arrivait à Toulouse, se rendait à l'Hospice avec le Préfet, et nous promettait tout son concours, nous annonçant la prochaine visite de M. Claveau, inspecteur général des établissements de bienfaisance.

Le lendemain, M. Claveau, est arrivé en effet. Il a donné à tous les services une vive impulsion et il a visité les ambulances.

La Commission n'a eu avec ce haut fonctionnaire que d'excellents rapports, et elle est heureuse de pouvoir consigner sur le registre de ses délibérations le témoignage de son estime et de ses vives sympathies, pour un homme aussi distingué.

Conformément aux conclusions du Conseil d'hygiène de Toulouse, ordre est donné d'évacuer, par mesure de prudence, l'Hôtel-Dieu Saint-Jacques sur l'Hôpital militaire. Les malades y sont remplacés par le personnel de la Grave. Dans ce dernier établissement, quatre cents personnes sont déjà rentrées et occupent le premier étage, bien des ruines ayant été relevées depuis l'inondation. Quant aux hommes du Dépôt de Mendicité, qui s'étaient mutinés à l'Ecole du Nord, ils ont été envoyés provisoirement à la prison Saint-Michel.

Nos chantiers fonctionnent régulièrement avec le concours dévoué de notre garnison. Mais que de temps et d'argent seront nécessaires pour réparer des pertes aussi immenses !

Nous allons les énumérer succinctement :

A l'Hôtel-Dieu, le mur de clôture et la grille du jardin sont effondrés ; les cloisons divisoires du réfectoire des sœurs, des cuisines, pharmacie, boucherie, quartier neuf, menacent ruine ; des affouillements qui se sont produits sous les murs des chais et des bûchers, compromettent la solidité des cloisons placées au-dessus.

Les planchers sur cave ainsi que les carrelages sont généralement soulevés par les eaux et en partie détruits.

Tous les conduits de gaz, des eaux et les égouts sont entièrement engorgés et hors de service.

Toutes les portes, les fenêtres, les boiseries du rez-de-chaussée sont brisées ou déjetées.

Les mobiliers de la pharmacie, de la cuisine, de la lingerie, du réfectoire, sont en partie dégradés.

Une partie du mur du lavoir est effondrée.

La base du mur de la salle Saint-Lazare est écrasée et menace d'entraîner la chute de ce mur.

Il faudra reconstituer entièrement tout le service des bains.

Les anciens mortiers atteints par les eaux devront être remplacés par des mortiers neufs ou des enduits de ciment.

Les plafonds de plusieurs salles, et notamment de celles du quartier neuf devront être refaits.

On devra aussi enlever toutes les boues accumulées dans les salles, dans les caves et dans les cours, ce qui entraînera une énorme dépense.

Enfin, tout l'Hôtel-Dieu devra être assaini au moyen de laits de chaux, passés dans toutes les salles. Le mur situé sur la Garonne devra être entièrement reformé et les affouillements comblés.

A part la restauration des bâtiments, il faudra aussi remplacer les ustensiles de la pharmacie, de la cuisine, le linge, la literie et le mobilier qui ont été emportés par les eaux.

La dépense totale peut être évaluée approximativement à la somme de cent mille francs.

A l'Hospice Saint-Joseph de la Grave, les dégâts sont beaucoup plus considérables ; car, l'eau a atteint dans les cours 4 mètres 20 cent. avant l'effondrement de la buanderie.

Tous les murs de clôture intérieurs et extérieurs, toutes les grilles sont renversés.

La buanderie a été emportée ainsi que les buchers, écuries, remises, magasins, salle des morts et salle de dissection.

L'ancienne chapelle n'existe plus ; il ne reste que la voûte.

Le dortoir des orphelins, la grande lingerie, le réfectoire des sœurs, celui des vieillards sont totalement détruits.

La voûte de la cave est tombée ; le vestiaire des pensionnaires est complétement envasé.

Tous les murs du rez-de-chaussée, occupant une surface de 12,000 mètres carrés doivent être recrépis jusqu'au premier étage.

Le dépôt de mendicité est inhabitable, les murs menacent ruine et nécessitent une entière reconstruction. Le logement du directeur est dans un état déplorable.

La canalisation des eaux et du gaz ainsi que les égouts, complétement envasés, sont hors de service et en partie détruits.

Dans l'église du dôme, tout le dallage a été brisé et enfoui. Les murs de l'enceinte extérieure ont été gravement compromis.

Le dôme seul a résisté, grâce aux travaux de reprise en sous-œuvre, exécutés pendant les six dernières années par notre habile architecte M. Delor, et les entrepreneurs Trémoulières et Vidal, sous la haute direction d'une commission composée d'ingénieurs et d'architectes des plus distingués. Cette commission a été présidée dès le principe par M. Bergis, alors ingénieur en chef à Toulouse, qu'a remplacé plus tard M. Salles. Ces travaux ont consisté dans le remplacement des grilles en bois placées sous les piliers par un béton composé de ciment Portland, chaux du Theil et graviers.

Pour réparer les désastres causés aux bâtiments de la Grave, une somme de trois cent mille francs paraît nécessaire.

Quant à la perte du mobilier, linge, ustensiles de la pharmacie et de la cuisine, on peut l'évaluer à cent mille francs environ.

Les propriétés des hospices ont été aussi gravement atteintes, notamment le domaine de Scilh, situé sur les bords de la Garonne. D'après les rapports de nos agents, les rivages seraient fortement endommagés; la rivière les aurait corrodés et chercherait à se frayer un passage à travers nos ramiers. Plus de seize cents peupliers sont abattus et nous aurons à faire des réparations considérables. Mais, en ce moment, il n'est pas possible de fixer un chiffre à cet égard.

Il résulte de ce qui précède que l'inondation a causé à nos établissements de tels ravages, que nous serions impuissants pour relever nos ruines, si le gouvernement, nos honorables députés, la ville, le département et la charité publique ne venaient à notre aide. Nous faisons un chaleureux appel à leur bienveillante appréciation.

Pour être justes, nous devons reconnaître que M. le baron de Sandraus, préfet de la Haute-Garonne et

M le vicomte Toussaint, maire de Toulouse, se sont portés en avant, partout où il y avait une infortune à secourir, un danger à affronter. M. de Lihus, secrétaire général; M. de Romeuf, secrétaire particulier; le conseil général, les adjoints, le conseil municipal, la presse toulousaine, M. Dieulafoy, ingénieur de la ville; M. Fitte, architecte, et le commissaire central, nous ont aussi puissamment aidés à supporter le poids de la responsabilité qui pesait sur nous. L'armée a fait admirablement son devoir, et nous avons trouvé chez le général en chef, M. le vicomte de Salignac-Fénelon, en toute circonstance, un précieux appui.

Nous ne voudrions pas blesser la modestie des Dames charitables de Toulouse, qui en grand nombre ont apporté dans nos établissements hospitaliers des secours à nos malades et à nos blessés; mais c'est pour nous un devoir de rendre hommage à la vérité et de dire bien haut, ne pouvant toutes les nommer, la reconnaissance de nos dignes Sœurs de charité pour Madame la vicomtesse de Salignac-Fénelon, la baronne de Sandrans, la comtesse Bégouen, et tant d'autres, dont le souvenir restera ineffaçable dans le cœur de tous ceux qu'elles ont secourus.

Quant à nous, Messieurs et chers Collègues, après avoir appelé la bienveillante justice du Gouvernement sur tous les dévouements qui se sont produits dans ces douloureuses circonstances, félicitons-nous d'avoir pu rendre de nouveaux services à nos établissements hospitaliers, aux pauvres dont nous sommes les amis dévoués, et disons simplement comme il convient à des hommes animés de l'amour du bien : Nous n'avons fait que notre devoir.

La Commission administrative, adoptant le rapport dont lecture vient de lui être donnée, en ordonne l'impression et adresse des remerciments à M. le Vice-Président.

Pour copie conforme :

Le Maire de Toulouse, Président de la Commission administrative des Hospices,

Vicomte TOUSSAINT.

Toulouse, Impr. Louis & Jean-Matthieu Douladoure.

www.ingramcontent.com/pod-product-compliance
Lightning Source LLC
Chambersburg PA
CBHW060916050426
42453CB00010B/1761